Habite-se

desenhos de
FLAVIO-SHIRÓ

Habite-se
poemas
FERNANDO MOREIRA SALLES

COMPANHIA DAS LETRAS

Copyright dos poemas © 2005 by Fernando Moreira Salles
Copyright dos desenhos © 2005 by Flavio-Shiró

CAPA E PROJETO GRÁFICO
Raul Loureiro

REVISÃO
Cecília Ramos
Ana Maria Barbosa

Dados Internacionais de Catalogação na Publicação (CIP)
(Câmara Brasileira do Livro, SP, Brasil)

Salles, Fernando Moreira
    Habite-se / Fernando Moreira Salles — São Paulo: Companhia das Letras, 2005.

ISBN 85-359-0723-8

1. Poesia brasileira I. Título

05-6625   CDD-869.91

Índice para catálogo sistemático:
1. Poesia: Literatura brasileira 869.91

[2005]

Todos os direitos desta edição reservados à
EDITORA SCHWARCZ LTDA.
Rua Bandeira Paulista 702 cj. 32
04532-002 — São Paulo — SP
Telefone: (11) 3707-3500
Fax: (11) 3707-3501
www.companhiadasletras.com.br

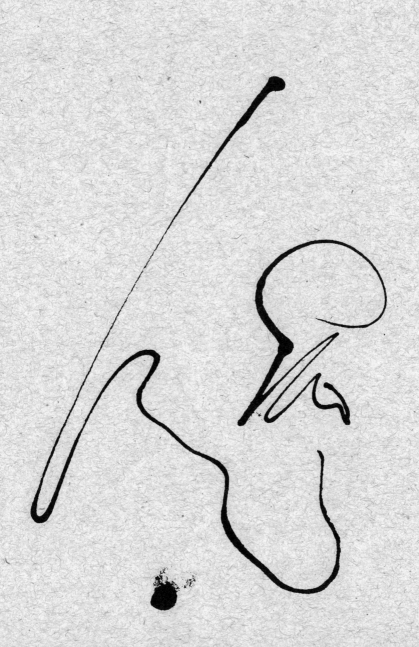

13	Sobre elas
15	Sirtaki
17	Chronos
19	Navegante
21	Caminhada
23	Tchá-tchá-tchá
24	Gincana
25	Declaração de bagagem
27	Balanço geral
28	Norte
31	Fiat lux
35	Fonte
36	Perguntar não ofende
37	Sem maracas
39	Evidência
41	Revoada
42	Vertigem
45	Noturno
47	Boa viagem
49	Diário
53	Pois é
55	Górdio
56	Sobre águias
58	Peregrino

59	Iníqua
61	Argonautas
63	Tic-tac
65	Viajante
66	Contra Lavoisier
67	Epitáfio
69	Disparada
71	Cartografia
72	No jardim
74	Ausência
75	Natureza-morta
77	A passeio
78	Diga trinta e três
80	Auto-retrato
83	Brincadeira
85	Permanência
86	Cartão-postal
89	Bênção
91	Retrato
92	Vigília
95	Soma zero
97	Estelionato
101	O ilustrador

*Abreviei a terra
ao tamanho da sombra*
F. CARPINEJAR

SOBRE ELAS

Guardo palavras
como se fossem
minhas
e pudessem
me trazer sentido

mas, sei
quando for
alguma delas
 um dia
me dirá

SIRTAKI

Incauto
piso este chão
como se fosse
terra de plantar

Qual um Zorba
armo o passo
na poeira das sombras
onde dormem
os que foram
levando consigo
as estrelas
e o caminho

Ainda assim
canto, danço
e piso este chão

CHRONOS

ontem que foi
tenho pra ser
até amanhã
tudo e nada
um dia
só
até lá

*Hei de aprender
a outra margem*
F. ALVIM

NAVEGANTE

hoje
ergo velas
e fixo o lastro
à minha quilha

a proa incauta
vou, sem luzes
ao liso horizonte
do amanhecer

não largo amarras
desta feita
pois nem sequer
soube atá-las

não sei dos astros
pro meu sextante
e nem sereias
por estes mares

mas posso, ainda
olhar as ondas
viver o vento
e a espera

CAMINHADA

Vim
buscar o que perdi
no espanto do dia

nem que seja
só
seu silêncio

*And so you dance
for a brighter silence*
P. AUSTER

TCHÁ-TCHÁ-TCHÁ

Nanotempo
entre agora
e logo mais
esse nada
esse triz
meu espaço
inclemente
já história
que não foi

É nele
sem alento
desde tanto
onde danço
minha giga
e, às vezes
só às vezes
mais um pouco
tento ser

GINCANA

Caminha
teu passo pouco
na cauda do tempo

DECLARAÇÃO DE BAGAGEM

Meu verso
certa medida
da tarde que resta
palavra exausta
à busca
dos deuses silentes
e da beleza
que inventamos
um dia
no horror do instante

Meu verso
inútil quadratura
só canto e compasso
   escassa
   rouca voz
no vento

BALANÇO GERAL

Não é meu
o caminho
Só o abismo
e a pá

NORTE

No fio da noite
o dedo da besta
mostra a porta
      ali

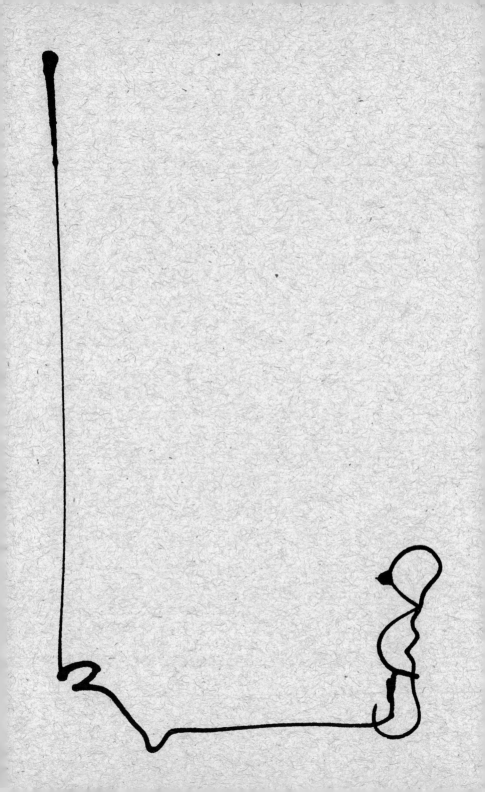

*Si je parle du temps
c'est qu'il n'est déjà plus*
R. QUENEAU

FIAT LUX

sem medo
   certeira incisão
na aura polida
da lembrança

o sol
de quase cegar
na correria
pelos balões

o vôo das pipas
desafio insolente
ao vidro picado
nas linhas
da garotada

a pele salgada
no turbilhão
dos jacarés
nossa esquadrilha
sem medo
da bandeira vermelha
no posto três

e lá
nas dunas
   que não são mais
a menina
de olhos verdes
e a clara luz
daquelas noites

vejo
um garoto magrela
joelho ralado
de febre, sonho e desejo
mas também
daquela certeza
nem sempre serena
de mais um dia

lembro
   banho tomado
a melancolia
das tardes ralas
de domingo
   tempo suspenso
em ouro
sobre azul
daquele Tesouro
da Juventude

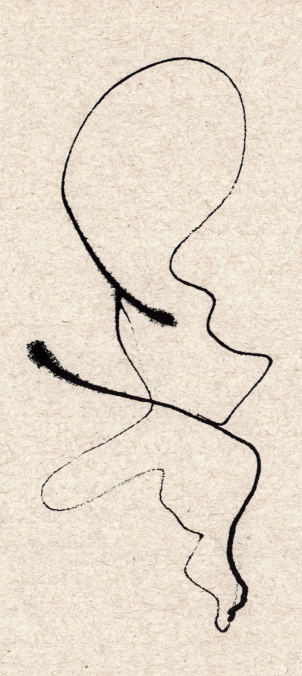

FONTE

Volta
por vezes
aquela paisagem
de névoa e luz

Na sombra
daquela pedra:
a minha fonte
brotando água fresca

Há tanto
não bebo
no sussurro
daquela água

O dia
come o tempo
e a tarde
leva a luz

Resta
a sede
de tudo
que não fui

PERGUNTAR NÃO OFENDE

se molhar
literalmente
como faço
a cada dia
minha pena
lá na sépia
da lembrança
 farei eu
 literatura?

SEM MARACAS

A memória que resta
meu baço tesouro
um punhado de rimas
que trago comigo
o pistom em surdina
  saeta, solea, Aranjuez
perdendo a cadência
no vazio da tarde

A memória que resta
  já elegia...
quase-ausência

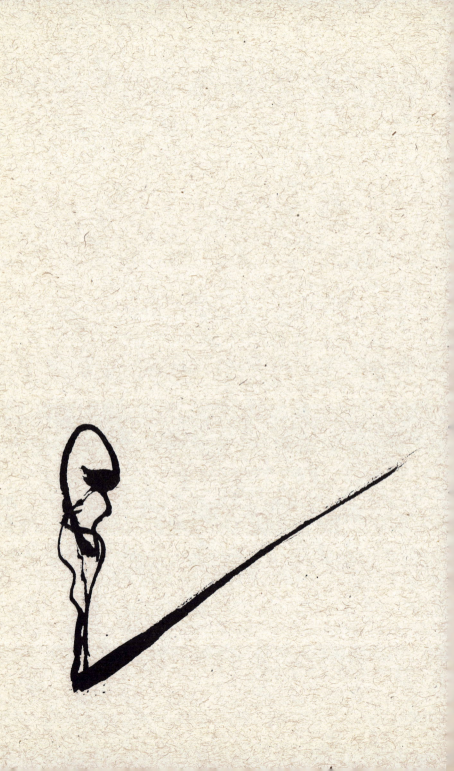

EVIDÊNCIA

ensaio
meu passo
o sol
pousado no ombro

a sombra
que faço
me diz
que existo

touch the palm of your hand
to my body as I pass
W. WHITMAN

REVOADA

Parto
rosto no vento
na mesma manhã
das aves grisalhas
seguindo as estrelas
  aquelas, vagas
da Ursa Maior

Parto
sem memória
sem irmão
rufando penas
na madrugada

Parto
porque tenho frio
e — bem sei
porque é preciso

Parto
sem um pio

VERTIGEM

Por que o medo
dessa queda
sem mim?

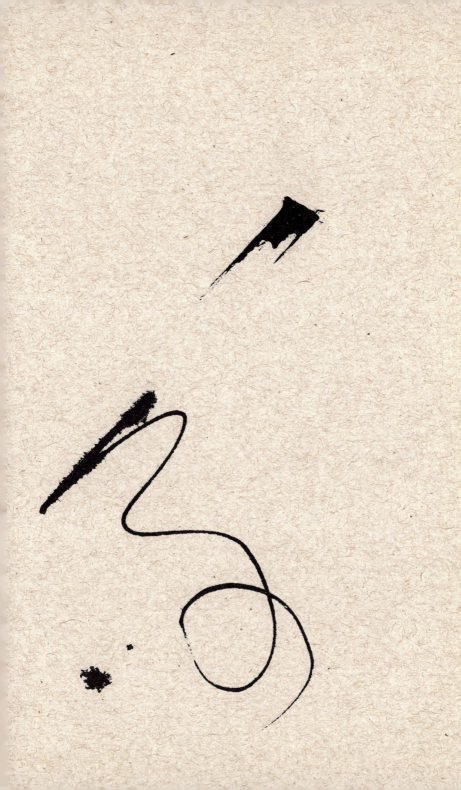

*sorgi la sera, e vai
contemplando i deserti*
G. LEOPARDI

NOTURNO

Na fenda da noite
estrelas se vão
quando querem

E nesta nau
  esquálida
o navegante
que se vire

BOA VIAGEM

O mar
devolve náufragos

só o mar
   às vezes

*Les bourgeois
c'est comme les cochons
plus ça devient vieux
plus ça devient con*
J. BREL

DIÁRIO

logo desperto
antes que tarde
cuido do corpo
   este aqui
como se dele
gostasse

aí, ando
no mesmo lugar
depois corro
   até lá
e disso ou daquilo
dia afora
sem esquecer
ora, do que devo
e não devo
ouvir o que há
   atento
dizer também
e não confundir
   outra vez
o tal lado de cá
com o de lá
   capitão de fragata
   cafetão de gravata
também, claro

nem mesmo respiro
   estóico
entre gerúndios
e façanhas outras
   proativas, dizem
dos heróis da intranet

isso feito
corro de volta
e chego a tempo
satisfeito, disponível
o terceiro ato
vai começar
neste palco
   sem *relâche*
canastrão coadjuvante
desse outro
grande elenco

aí, dormir
   se puder
aquela noite
senão outra
bem sabendo
   (tem mais essa)
o que fazer
a cada passo
quando começar
   amanhã
tudo
outra vez

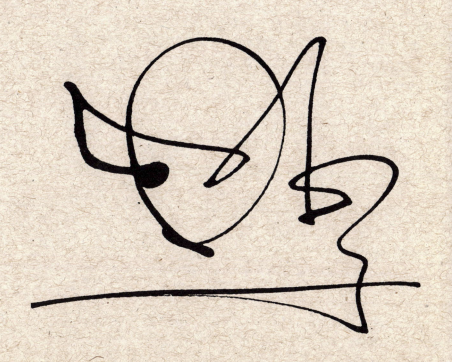

POIS É

há quem ache
que não é tempo
e quanto mais
melhor

também há
quem não

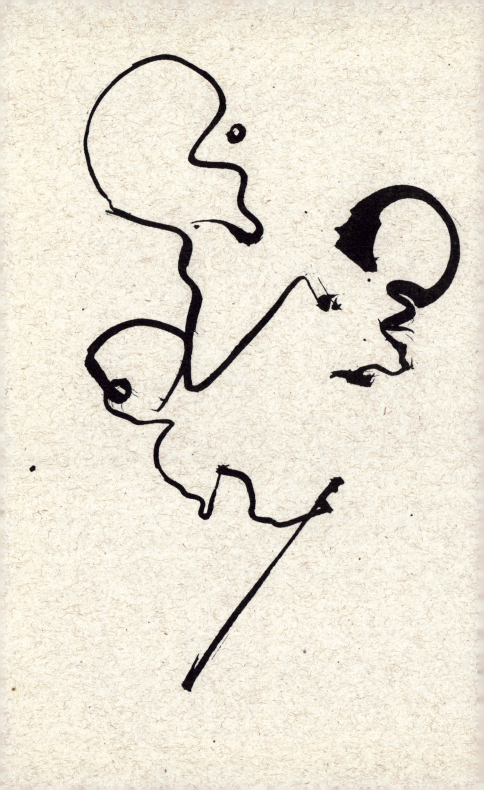

GÓRDIO

Com teu fio
Ariadne
a pau e corda
um dia
desatento
fiz meu nó

SOBRE ÁGUIAS

puxar as unhas
já curvas
e penas
pesadas demais

só então
qual seja a dor
quebrar o bico
de encontro à pedra

agora
nem ave, nem réptil
inerte
a águia que foi
não alça vôo
   espera

enquanto isso
sonha
um dia
em plena manhã
rasgar o céu
mais uma vez

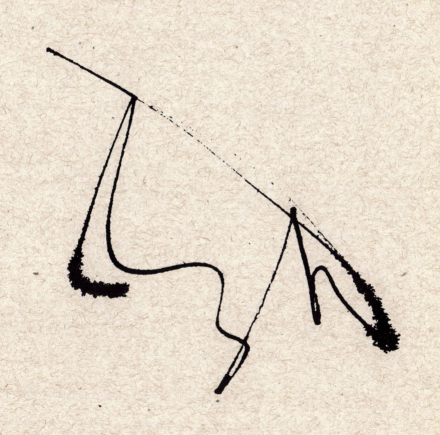

PEREGRINO

Até mesmo
nesse abismo
   palmo a palmo
meço o caminho
que me leva
à manhã

Lá
   quem sabe
farei um dia
do qual queira
me lembrar

INÍQUA

Para Helena
mil navios
seu Paris, seu Menelau
e gregos e troianos
a dar com pé

Para você
menina
este seu Aquiles
e um verso manco…
de calcanhar

ARGONAUTAS

À proa
onde cabem
navegam
os heróis

Embaixo
com os remos
prestimosos
vamos nós

Não recuso
a cadência
só não gosto
do tambor

TIC-TAC

Antes
do instante
é tempo

Duro
é partir
sem tua mão

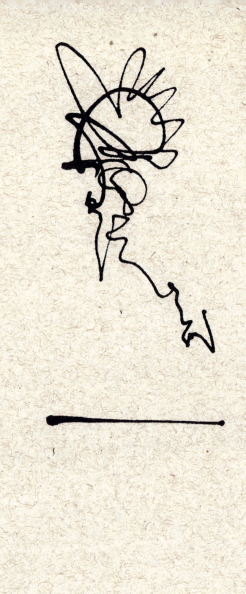

VIAJANTE

Hoje também
   todo esmero
arrumo a mala
como quem sabe
aonde vai

CONTRA LAVOISIER

Tudo
aos poucos
se faz
nada

EPITÁFIO

só, agora
só agora

DISPARADA

palavras fogem
   vaga-lumes
noite adentro

lá
aonde vão
   reluzem
dançam minuetos
entoam cantos
odes, epitáfios
assim – de vez
soando sentidos
como cristal

aqui, comigo
não

ele é poeta
como quem se afoga
V. DE MORAES

CARTOGRAFIA

Não vai longe
minha lavra…
mas dói
se cavo onde
   por enquanto
sei de mim

Estranho ofício…
esse

NO JARDIM

Para meus irmãos

dele, hoje
plantei as cinzas
virando a terra
com meus irmãos

será um dia
pé de silêncio
junto ao rio
de minha infância

nunca antes
quis saber
aonde ia
aquele rio

lá estava
no jardim
lá estava
e corria

hoje sei
aquele rio
seu murmúrio
naquele chão

aonde corre
aonde leva
hoje sei
que só espera

AUSÊNCIA

no orvalho
do jardim
cresce um pau-brasil

pena
eu, lá
não brinco mais

NATUREZA-MORTA

Não morder a maçã
nem lhe dar fim

A PASSEIO

o dia vai
pé ante pé
em seu caminho

dir-te-ei
se preciso
é tempo, e passa

DIGA TRINTA E TRÊS

se·vão
pelas frestas
o sonho, o medo
até mesmo
aquela vertigem

resta
uma dor
baça, surda
    assim

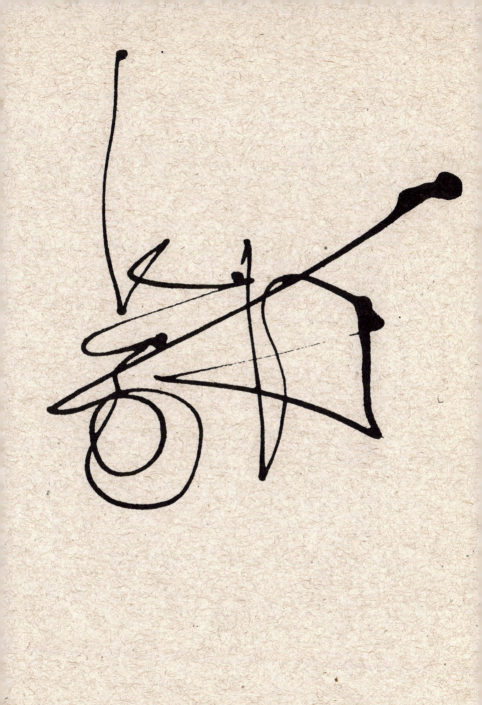

AUTO-RETRATO

Primeiro os olhos:
occi ciorni
escuros
como a noite insone
escuros como aqueles
que fogem de espelhos

o nariz:
reta interrupta
  em proa
e nem por isso
pronto a singrar
outros mares
navegar sem preciso
do posto três
ou Palos de Moguer

minha testa:
não se franze
tão sisuda como outras
esta aqui
  cenho frouxo
é só febre
de um afago

a boca:
pequena
no exato tamanho
do que quer morder
do que tem a dizer
e seu canto, curvo
canto de pouco canto
do qual – por vezes
escapa o verso

já o queixo:
hirsuto,
pouco diz
mas ainda
trinca o dente
   se preciso
e pur si muove
a cada dia
no assombro das vogais

sem mais
por ora
   minha cara
sinto muito...
a cada qual
o seu semblante
e seu Rembrandt

BRINCADEIRA

Crianças
que fomos
fitamos o outro

Um
sempre
acaba piscando

PERMANÊNCIA

Quero meu verso
riscado na areia
da praia vazia
meu rastro desfeito
a tempo
na onda que vem
palavra que dorme
só minha
inútil e bela
afinal

CARTÃO-POSTAL

Só mesmo
carne e sonho
  miragem
sempre igual

e ainda
  me perder
neste poço
de palavras

BÊNÇÃO

Toma meu sonho
filho
em teus olhos

minha oração
quieto acalanto
à tua noite

RETRATO

Quando for
  breve
ou também – mais tarde
e aqui restar
o pouco de mim
em você
lembre
o canto ralo
  triste, precário
meu rosto
no oco da noite

VIGÍLIA

Bem à beira
na penumbra
aguardo

Nem mesmo
o desalinho
de um aceno

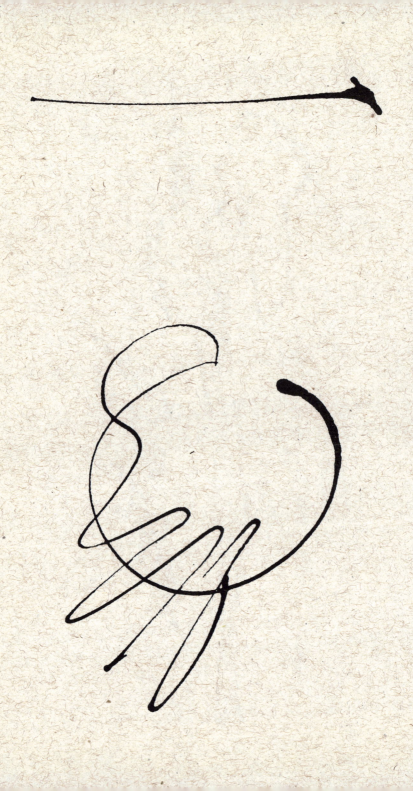

SOMA ZERO

querer dizer
num sopro

dizer, sim
sem ser ouvido

é tudo
sem sentido?

*for as long
as forever is*
DYLAN THOMAS

ESTELIONATO

quando vier a noite
será meu
o seu silêncio

O ILUSTRADOR

Flavio-Shiró, artista plástico, nasceu em Sapporo, Japão, em 1928. Em 1932 veio para o Brasil com a família, instalando-se numa colônia japonesa em Tomé-Açu, no Pará. Em 1939 transferiu-se para São Paulo, e, no início de seu aprendizado, freqüentou o ateliê de Rebolo, no qual o grupo Santa Helena se reunia. Em 1951 participou da I Bienal de São Paulo. Em 1953 viajou para Paris, onde participou do movimento abstrato-informal. Participou de inúmeras exposições individuais e coletivas no Brasil, na Europa, no Japão e nas Américas, recebendo, entre outros, o Prêmio de Pintura da Bienal de Paris (1961), o Grande Prêmio do Itamaraty na XX Bienal de São Paulo (1989), o Prêmio Eco-Art (Rio de Janeiro, 1992) e o Prêmio Mostra Internacional Japão-Brasil (1999). Em 1993-94 realizou retrospectivas no Hara Museum of Contemporary Art, Tóquio; no MAM, Rio de Janeiro, e no MASP, São Paulo. Vive e trabalha entre Rio de Janeiro e Paris.

ESTA OBRA FOI COMPOSTA POR RAUL LOUREIRO EM PERPETUA
E IMPRESSA PELA RR DONNELLEY MOORE EM OFSETE SOBRE PAPEL RECICLATO
DA SUZANO BAHIA SUL PARA A EDITORA SCHWARCZ EM OUTUBRO DE 2005